Cuando estoy triste

TEXTO: Cornelia Maude Spelman

ILUSTRACIONES: Kathy Parkinson

 Picarona

Para Tidie, que no sabía que podía compartir. —C. M. S.
A Katie, con amor. —K. P.

Puede consultar nuestro catálogo en www.edicionesobelisco.com / www.picarona.net

CUANDO ESTOY TRISTE
Texto: *Cornelia Maude Spelman*
Ilustraciones: *Kathy Parkinson*

1.ª edición: noviembre de 2015

Título original: *When I Feel Sad*

Traducción: *Joana Delgado*
Maquetación: *Montse Martín*
Corrección: *M.ª Ángeles Olivera*

© 2002, Cornelia Maude Spelman y Kathy Parkinson
© 2002, Albert Whitman & Company
(Reservados todos los derechos)
© 2015, Ediciones Obelisco, S. L.
(Reservados los derechos para la lengua española)

Edita: Picarona, sello infantil de Ediciones Obelisco, S. L.
Pere IV, 78 (Edif. Pedro IV) 3.ª planta, 5.ª puerta
08005 Barcelona - España
Tel. 93 309 85 25 - Fax 93 309 85 23
E-mail: picarona@picarona.net

ISBN: 978-84-16117-50-5
Depósito Legal: B-14.825-2015

Printed in Spain

Impreso en Arlequin & Pierrot, S. L.
Can Pobla 16, nave 2 - Pol. Ind. Can Roqueta - 08202 Sabadell

* Nota para padres y educadores *

Es doloroso ver que nuestros hijos están tristes. Su disgusto hace que deseemos ayudarlos para que vuelvan a ser felices. Además, también hace que aflore nuestra tristeza. Pero si nosotros no aprendimos a reconocer y compartir nuestros sentimientos de infelicidad, es posible que neguemos o minimicemos los de nuestros hijos.

Esta reacción, si bien es comprensible, no resulta eficaz, ya que hace que los niños no presten atención a sus sentimientos o a compartirlos con los demás. Necesitan aprender que compartir sentimientos con otros seres humanos les consolará. Algunos adultos que no aprendieron esto, que no experimentaron ser comprendidos y escuchados, tienen problemas a la hora de relacionarse con los demás. Otros, es posible que encuentren consuelo en algunas sustancias, en vez de en las personas.

Pero existe una diferencia entre reconocer los sentimientos de un niño, ofrecerle consuelo, y consentirle. Al niño que está triste se le puede ofrecer proximidad física, se le puede escuchar y compartir con él su tristeza un tiempo, pero después hay que dejar que tome sus juguetes y continúe su camino.

Este libro contempla la tristeza común. Podemos ayudar del mismo modo a un niño que sufre a causa de una muerte o una pérdida importante, pero necesitamos estar atentos durante más tiempo. Si un niño está triste demasiado tiempo, llora con frecuencia, está apático, tiene problemas de sueño y de alimentación, hay que buscar la ayuda de un profesional.

Queremos que nuestros hijos sepan que valoramos todos sus sentimientos, tanto los positivos como los negativos y que sabemos cómo manejarlos. Queremos dar a nuestros hijos la confianza de que pueden hacer frente a las cosas, que pueden ser capaces de decir: «Cuando estoy triste, sé que no voy a *continuar* triste».

Cornelia Maude Spelman,
trabajadora social y clínica (especialista en psicoterapia y salud mental).

A veces estoy triste.
Me pongo triste cuando algún niño
no me deja jugar con él.

O cuando quiero contar algo
y nadie me escucha.

Cuando alguien está triste,
yo también me pongo triste.

Estoy triste cuando quiero ver a alguien

Y estoy triste cuando me hago daño.

que no está.

Cuando pasa algo malo, me pongo triste.

Cuando no puedo tener algo
que deseo mucho, mucho,
o cuando pierdo algo que para mí
es muy especial, me pongo triste.

Si se enfada alguien conmigo, me pongo triste.

Cuando estás triste te sientes
cansado y atontado.
Cuando estás triste nada te parece divertido.

¡No me gusta estar triste!
Quiero que la tristeza se vaya de una vez.

Pero todo el mundo se siente triste alguna vez.

Cuando estoy triste, pienso que siempre
hay maneras de encontrarme mejor.
Puedo contárselo a alguien.

«Bueno, no pasa nada», me dice, y se sienta a mi lado.
Cuando estoy triste me gusta tener
a alguien cerca de mí.

Está bien hablar de la tristeza.
No pasa nada por llorar.

Después de un rato, dejo de llorar.
Pero a veces quiero hablar de lo que ha hecho
que me pusiera triste.

Enseguida empiezo a sentirme mejor,
y quiero ir al parque y subirme a los columpios.

Quiero hacer cosas

y jugar con mis amigos.

La tristeza se aleja y vuelvo
a sentirme bien otra vez.

Cuando estoy triste,
sé que no voy a estar así durante mucho tiempo.